LES ÉGLISES

DU

HAUT LANGUEDOC

PAR

G. THOLIN

TOULOUSE
IMPRIMERIE A. CHAUVIN ET FILS
RUE DES SALENQUES, 28

1876

LES ÉGLISES

DU

HAUT LANGUEDOC

LES ÉGLISES

DU

HAUT LANGUEDOC

PAR

G. THOLIN

TOULOUSE
IMPRIMERIE A. CHAUVIN ET FILS
RUE DES SALENQUES, 28

1876

Par l'étude des monuments en brique élevés pendant les treizième et quatorzième siècles, dans la région dont Toulouse est le centre, peut-on établir l'existence dans ce pays d'une école spéciale d'art monumental ? Fixer les dates et déterminer les caractères de ces édifices.

Avant de répondre directement à cette question, proposée par la Société archéologique du midi de la France, je crois indispensable de faire une excursion en dehors du programme. Il me semble que pour démontrer l'existence d'une école d'architecture, à une époque et dans une région déterminées, il importe de savoir d'abord quelles traditions existaient dans cette région aux époques antérieures. S'il est rare, en principe général, qu'une invention se produise sans avoir été préparée, en architecture surtout la marche du progrès ou de la décadence est lente. C'est ainsi, notamment, que l'on peut suivre, expliquer même chaque transformation des plans et du style dans le cours du moyen âge. Un maître de la science archéologique a dit avec raison que l'architecture de cette époque n'offre qu'une série de transitions sans arrêts (1).

Pour apprécier en connaissance de cause les monuments de la région toulousaine aux treizième et quatorzième siècles, je tâcherai d'abord de me rendre compte de ce qu'étaient les monuments de la même région à la fin de l'ère romane.

Je rechercherai ensuite quelles ressources offre la brique pour les constructions, et jusqu'à quel point ces matériaux peuvent convenir à l'imitation des églises modèles du Nord.

---

(1) Viollet-le-Duc, préface du *Dictionnaire d'architecture*.

Enfin, je décrirai sommairement les types les plus remarquables de l'école toulousaine au double point de vue de la construction et du style. La comparaison de ces types avec ceux qui furent plus généralement usités en France à la même époque me permettra de prendre parti sur le fond de la question.

Il faudrait avoir parcouru tout le haut Languedoc pour pouvoir donner un grand nombre d'exemples. Mes voyages ne se sont par étendus au delà d'un petit rayon et par conséquent ce mémoire restera fort incomplet sous le rapport de la statistique archéologique.

Je suis persuadé néanmoins que l'originalité d'une école d'art monumental est suffisamment accusée par les édifices de premier ordre. Les églises secondaires sont bien souvent une réduction des grandes. Combien de cathédrales et d'abbatiales ont fait école !

Je regrette également de n'avoir pas à citer des documents nouveaux ou à exposer des conjectures scientifiques relativement aux dates des édifices dont je parlerai, et qui presque tous ont été suffisamment étudiés à ce point de vue.

Fatalement je dois me borner à faire un simple exposé d'aperçus généraux sur tout ce que peuvent offrir d'original les édifices de premier ordre de la région toulousaine. Le sujet d'ailleurs reste assez vaste.

A prendre dans leur rigueur les termes de la question proposée, une étude des édifices appartenant à l'architecture tant militaire que civile paraîtrait nécessaire. Toutefois, c'est un fait constant au moyen âge que tous les progrès architectoniques, toutes les variantes des styles ont leur origine dans les édifices religieux. De plus, je ne crois pas que les modifications imposées par l'emploi de la brique aient été assez considérables pour donner aux maisons, aux châteaux, aux murs d'enceinte des villes une physionomie originale. Si la terre cuite moulée eût été plus en faveur au moyen âge, il en eût été tout autrement.

Les clôtures de maison, avec leurs baies de portes et de fenêtres, les tours et les courtines, ont, sous leurs revêtements de brique, des caractères communs aux constructions de pierre. Les seules différences sont dans l'appareil, la couleur et la forme de quelques moulures.

TYPES DES ÉGLISES ROMANES DE TOULOUSE ET DES ENVIRONS.

On peut reconnaître, dans les églises romanes de la région toulousaine, deux ou trois types bien accusés. Le gothique primitif fournit également un type.

Saint-Sernin est un édifice hors ligne, assurément un des plus beaux que la France possédât à la fin du douzième siècle. Sa construction savante offre l'application en grand des données de l'école d'Auvergne. Dans ce système tout est calculé pour que la nef soit fortement épaulée par les bas-côtés. En effet, la voûte en demi-berceau du *triforium*, bandée contre les murs de clôture, remplit l'office d'un arc-boutant continu, qui neutralise les poussées de la voûte de la nef principale. Le bas-côté inférieur, bien qu'il soit voûté différemment, joue le même rôle par rapport à la première galerie. Grâce à cet artifice des étagements, l'architecte a pu donner une grande hauteur au vaisseau principal.

Je suppose qu'un édifice conçu dans les mêmes proportions et destiné à être pourvu de cinq nefs ait été mis en œuvre par un architecte du treizième siècle. Après avoir localisé les poussées par l'emploi de la croisée d'ogives, celui-ci n'avait qu'à dégager ses arcs-boutants de la construction. Dès lors, il pouvait régulariser les voûtes du *triforium* en les abaissant un peu et en substituant des arcs complets aux demi-cintres. On obtenait ainsi une église comparable à celles du Nord (1).

Il est ainsi démontré que les architectes toulousains de l'époque romane étaient sur la voie qui conduisit les constructeurs du Nord à élever, au treizième siècle, des vaisseaux d'une grande hauteur, à les pourvoir de nombreux étagements, à les soutenir par un ingénieux système d'équilibre. Cette voie, dans laquelle ils étaient déjà devancés, ils ne l'ont point suivie. On pourrait tout au plus citer comme une exception (mais relativement moderne, car ce n'est qu'une restauration), le chœur de la

---

(1) Cette assertion est bien facile à vérifier. Il suffit, par exemple, de comparer la coupe transversale de Saint-Sernin (au tome VII du *Dictionnaire* de Viollet-le-Duc, p. 540) à la coupe transversale de Notre-Dame de Châlons (tome IV, p. 78 du même ouvrage).

cathédrale de Toulouse. Dans son état actuel, il procède des grands édifices du Nord par une imitation directe.

L'église à trois nefs de Saint-Just de Valcabrère, aux proportions modestes, n'a qu'une seule analogie avec Saint-Sernin : les voûtes en demi-berceau qui soutiennent la voûte cintrée de la nef. Elle diffère de Saint-Sernin en ce qu'elle n'a point d'étage.

Dans tout le pays qui s'étend au sud de la Loire on trouve un grand nombre d'églises des onzième et douzième siècles sans étages, et par conséquent éclairées seulement par les bas-côtés. Les plans de ces édifices, dont la structure est très-solide, furent accommodés facilement aux voûtes gothiques. Les trois nefs furent alors réduites à la même hauteur ou à peu près. Je citerai, comme spécimens d'églises gothiques dérivées du type roman de l'ancienne Aquitaine, trois monuments placés sur des points extrêmes : la cathédrale de Poitiers, les églises de Saint-Laurent, au Puy-en-Velay, de Mézin (Lot-et-Garonne).

La région toulousaine n'offre pas, que je sache, de monuments de ce genre.

L'église romane à trois nefs de Saint-Aventin, dans laquelle les voûtes d'arête sont exclusivement employées, offre dans sa nef un petit étage pourvu de fenêtres étroites. Rien de plus facile que de conserver ce plan pour lui appliquer les innovations gothiques. Cette tentative ne paraît pas avoir été faite.

Je passe au type qui nous est fourni par le gothique primitif. Le peu qui reste de l'ancienne cathédrale de Toulouse accuse l'imitation des édifices d'une école célèbre, dégénérée, ou plutôt transformée au treizième siècle. La nef unique est divisée en travées carrées, que recouvrent de grandes croisées d'ogives surhaussées au-dessus des clés des doubleaux. Tel est bien le caractère d'un certain nombre d'églises du Sud-Ouest, dont la filiation remonte, par des transitions faciles à suivre, à Saint-Front de Périgueux, une pure église byzantine. Parmi ces monuments, dont la plupart ont été si bien étudiés par M. Jules de Verneilh [1], je citerai simplement la cathédrale d'Angers et l'église de Saint-Macaire (Gironde). Ne soyons point surpris de constater une imitation pareille à

---

[1] *Architecture byzantine en France*. In-4°, Paris, Didron. 1851.

Toulouse. Cette ville est moins éloignée que l'Anjou de la région des églises à coupoles.

Le type architectonique de la région toulousaine, aux treizième et quatorzième siècles, se rapproche beaucoup plus de ce plan que des précédents. Néanmoins la division des travées et la structure des voûtes sont modifiées. On peut affirmer que ces églises gothiques ne sont nullement dérivées des églises romanes que j'ai citées. Si je démontre que ce type n'est point non plus la copie des édifices contemporains du Nord ou du centre, je serai bien près de conclure que Toulouse justifie sa prétention d'avoir possédé une école originale de constructeurs.

MONUMENTS ORIGINAUX DE L'ÉCOLE TOULOUSAINE PENDANT LA PÉRIODE GOTHIQUE.

Des conséquences de l'emploi de la brique.

Dans une région qui s'étend de Montauban à Toulouse, à Albi et un peu au delà en tous sens, la bonne pierre à bâtir est assez rare sur quelques points pour que l'on ait généralement employé la brique dans les constructions. Dans cette même contrée, la fabrication de ces matériaux a acquis, notamment au moyen âge, une grande perfection. La terre à brique, bien choisie, bien broyée, était soumise à une forte cuisson.

On ne négligeait aucun de ces petits soins quelquefois oubliés de nos jours (1), où l'on recherche avant tout le bon marché. Au moyen âge on voulait des constructions solides et l'on avait gardé, pour la préparation des matériaux, la bonne tradition romaine. Toutefois on adopta, pour les dimensions des briques, des mesures intermédiaires entre la grande et la petite brique romaine.

La brique toulousaine des treizième et quatorzième siècles a généralement $0^m,33$ de longueur sur $0^m,25$ de largeur et $0^m,06$ d'épaisseur (2).

---

(1) Cependant les briques toulousaines ont encore une réputation méritée. Dans d'autres pays, on en est venu à fabriquer des briques poreuses et mal cuites, qui ne résistent pas longtemps à l'action des agents atmosphériques.
(2) Viollet-le-Duc, *Dictionnaire*, tome II, p. 250.

Ces matériaux, de petites dimensions et d'un faible poids, si on les compare au moellon, sont aisés à mettre en œuvre. En les employant, les architectes pouvaient se passer des gros engins, nécessaires seulement pour soulever les blocs pesants. Les chantiers étaient peu encombrés. L'activité se portait dans les tuileries, où l'on pouvait à la rigueur utiliser le travail des femmes et des enfants. De la sorte se trouvaient réunies toutes les conditions pour bâtir rapidement. Aussi voyons-nous que les monuments en brique offrent relativement peu de traces de raccords et de constructions successives (1).

La régularité obligée des assises, l'interposition de très-fortes couches de mortier donnaient une grande solidité aux parements. Des briques posées en travers jouaient le rôle de queues d'aronde et contribuaient à établir une forte liaison avec le blocage. Ce remplissage intérieur était peut-être traité à la façon du pisé, c'est-à-dire battu dans des caisses. Il est certain toutefois que les précautions étaient assez bien prises pour prévenir l'effet du tassement. La robuste apparence et la durée des édifices de la région toulousaine en est la meilleure preuve.

La brique est admirablement appropriée, par sa forme et par sa légèreté, à la construction des voûtes. Elle a moins de poids et par conséquent produit moins de poussée que les voussoirs de pierre. Ces avantages ont permis d'augmenter la portée des croisées d'ogives, genre de voûte exclusivement employé pendant la période gothique.

On aurait pu mouler, pour les arcades et les voussures, des briques d'une forme particulière appropriée à leur destination. Il aurait suffi de donner plus d'épaisseur au côté qui devait faire l'extrados, de copier en un mot des claveaux de pierre. Cet expédient fut rarement employé. On a jugé qu'il était plus simple, dans certain cas, de substituer aux arcs en tiers-point des arcs en mitre. Cette forme, particulière à l'école toulousaine, fut appliquée spécialement aux baies de clocher.

Les fenêtres des nefs ont généralement pour amortissement des arcs à deux courbes opposées sous un angle fort aigu, et dans lesquels la bri-

---

(1) Je dois avouer, pourtant, qu'on mit un siècle et demi à construire l'église des Jacobins de Toulouse (1230-1385), près de deux siècles et demi à terminer la cathédrale d'Albi (1282-1512). D'autres édifices ont été construits plus rapidement.

que s'appareille facilement. Il suffit de donner une épaisseur différente aux couches de ciment intermédiaires, c'est-à-dire de les faire plus large à l'extrados qu'à l'intrados. En appliquant le même procédé, on peut aussi construire en plein cintre, comme on l'a fait quelquefois pour relier par des arcades le sommet des contre-forts.

Je n'insisterai point sur l'effet produit par la belle couleur de la brique, non plus que sur la décoration naturelle qui ressort des façons diverses d'appareiller. L'obliquité des assises, les retraites calculées pour accuser les reliefs par l'opposition des ombres, telles sont les simples parures des arcades en mitre des tours et des clochers. Ces arcades sont presque toujours géminées. Un carré s'inscrit dans leur tympan. La proportion en hauteur de ces ouvertures est moins grande que celle des baies des clochers gothiques du Nord. Les architectes toulousains, en multipliant les étages, ont sans doute cherché à éviter les ressauts ; car ils jugeaient difficile de construire en brique les clochetons qui auraient servi à masquer les brusques retraites. Par contre, ils ont recherché les pans coupés, et préféré pour leurs tours les plans octogones aux plans carrés.

La brique, si bien appropriée à la construction des murs pleins et des ouvertures, l'est beaucoup moins à celle des supports isolés tels que les piliers. Rien ne vaut pour cela les tambours de pierre formant des assises d'une seule masse, appareillées de telle façon que les couches de ciment intermédiaires soient insignifiantes. Des piliers en pierre choisie, eussent-ils un faible diamètre, possèdent une grande force de résistance. L'effet du tassement est presque nul dans ces masses homogènes. Il en est tout autrement des piliers bâtis en brique. Ont-ils à porter un grand poids, comme ceux des églises à plusieurs étages, ils doivent offrir une grande surface, et dès lors ils deviennent lourds et encombrants. De plus, quelle difficulté pour prévenir les tassements inégaux des assises !

Les piliers gothiques exigent de la décoration. Dans le Nord, au treizième siècle, ils sont cantonnés par des colonnettes. Dès le quatorzième siècle, ils ont l'apparence d'un faisceau de moulures profondes. Comment reproduire toutes ces courbes, en creux ou en relief, avec la terre cuite? Comment mouler, ajuster des milliers de pièces isolées en faisant du tout un corps robuste ? La brique, suffisante à la rigueur pour l'établissement de piliers massifs et quadrangulaires, tels qu'on les faisait à l'époque romane, ne pouvait servir à élever les colonnes légères de l'architecture gothique. C'était de quoi faire réfléchir les architectes de la région toulousaine. Obligés de se contenter de la brique, ils n'ont point cherché à tirer de ces matériaux d'autres effets que ceux qu'ils pouvaient naturellement produire. Ils ont tenté de se passer de piliers. C'était du même coup sacrifier les bas-côtés et changer toute l'ordonnance des grandes églises. Ainsi se révèle le caractère des édifices de la région, en même temps que la science pratique de leurs constructeurs. Au lieu de faire des copies plus ou moins réussies, ceux-ci ont innové.

Dans l'Ile-de-France la forme gothique avait été trouvée et pour ainsi dire fixée avant le milieu du douzième siècle. Pendant plus de trois cents ans, les modifications apportées à cette création touchent de plus près au style qu'à l'agencement de la construction. L'enveloppe des piliers, les arcatures et les arcs de voûtes, les corniches, les remplages des fenêtres ont des profils qui se modifient profondément, non pas seulement d'un siècle à l'autre, mais, pour certaines périodes, dans les intervalles de moins de vingt ans.

La brique ne pouvait servir à reproduire ni les pièce de sculpture un peu dégagées, ni les placages de moulures. On a bien parfois essayé de tailler ces matériaux dans les pieds-droits des portails, dans les encadrements des baies des clochers. Ainsi ont été fabriqués des colonnettes sans chapiteaux, des tores d'archivoltes.

Ce n'était qu'un expédient, un sacrifice à la mode, et les exemples de ces motifs d'ornementation sont rares. Au contraire, il était aisé de produire de fortes ombres en divisant par des retraites les assises de briques, en rabattant par des biseaux les angles saillants. On n'y a point manqué : pieds-droits et voussures de portail, montants de fenêtres, dosserets et arcs de voûtes, baies de clocher ont revêtu cette décoration quelque peu austère et monotone, mais cependant large et monumentale. L'épaisseur d'une brique en long ou en large détermine souvent la mesure des angles rentrants. Rien de plus simple que ce procédé ; c'est le maçon et non le sculpteur qui façonne ces moulures rectilignes.

Le mode de revêtement des constructions en brique ne devait pas varier, précisément parce qu'il était imposé. Cette décoration par les retraites des assises formant les angles rentrants et par les biseaux est encore appliquée aux églises du quinzième siècle, comme à celles du treizième. Une si grande uniformité pendant trois cents ans est un des plus curieux caractères de l'école toulousaine. Ailleurs tout se modifie; car la pierre se prête à tous les caprices du sculpteur. Ici rien ne change.

Toutefois on citerait bien peu de monuments bâtis exclusivement en brique. On retrouvera donc, même dans les édifices toulousains, la trace des influences étrangères. Du moment où l'on introduisait la pierre dans un tailloir, dans un modillon, dans une voussure de portail, on était libre d'accommoder ces pièces au style à la mode. Impossible de faire en brique les remplages des grandes fenêtres. Là donc se retrouvent, dans les meneaux et les armatures, les dessins rayonnants ou flamboyants et tous les profils usités selon les époques.

PLAN DES ÉGLISES DU HAUT LANGUEDOC.

J'ai hâte de décrire le plan pour ainsi dire classique, tant il est uniforme, des édifices appartenant à l'école toulousaine. J'ai expliqué comment les architectes étaient forcés de renoncer aux piliers, et par conséquent aux divisions des églises en trois ou cinq nefs. Je suppose maintenant qu'on leur ait demandé de bâtir, malgré tout, de vastes édifices pouvant lutter par leurs dimensions avec les œuvres grandioses de l'architecture française, par exemple une cathédrale dont l'aire aurait 3,000 mètres de superficie (et c'était à peu près le cas à Albi), de quelle manière rempliront-ils leur programme? Impossible de donner à la nef une longueur indéfinie. Il faut, pour une juste harmonie, que la longueur soit, jusqu'à un certain point, proportionnée à la largeur. La question se réduisait donc à ce terme : faire tenir une voûte sur une très-large surface. Jamais pareil problème ne s'était posé sur les chantiers de l'Ile-de-France, de la Normandie ou de la Bourgogne. Dans ces pays, la tendance était toute différente. Les superpositions d'étages entraînaient, soit de gré soit de force, à construire des nefs hautes plutôt que larges.

Les architectes du commencement du treizième siècle luttaient encore entre eux à qui équilibrerait le mieux, par l'artifice des arcs-boutants, leurs croisées d'ogives élevées à des hauteurs effrayantes.

Les nefs uniques étaient réservées pour les saintes chapelles, chefs-d'œuvre de goût, réduits à des proportions relativement modestes, charmantes miniatures de l'art gothique, auxquelles ne dédaignaient pas de travailler avec amour les maîtres les plus en renom.

Ces constructeurs des saintes chapelles pouvaient se passer de l'élément capital de l'ossature des grands édifices gothiques, l'arc-boutant. Ils eussent été obligés de prendre les supports des arcs trop loin de la construction, ce qui eût produit à l'extérieur l'effet le plus disgracieux. Le contre-fort roman, suffisamment développé, remplissait le but qu'ils se proposaient.

Ce même élément suffit aux maîtres des œuvres du haut Languedoc. Ils ont simplement proportionné la résistance de ces appuis aux poussées des larges voûtes. Pour citer de nouveau un exemple, non le plus ancien, tant s'en faut, mais le plus complet parmi les églises du haut Languedoc, la cathédrale d'Albi est munie de contre-forts énormes.

Il était assez naturel d'utiliser, pour la construction de chapelles latérales, les espaces laissés vides entre ces rangées symétriques de gros murs perpendiculaires à l'axe. On gagnait ainsi de l'espace à l'intérieur. On donnait plus de cohésion aux contre-forts, qui, transformés en véritables murs de refend, étaient butés et soudés par la clôture continue de l'édifice.

Au-dessus des chapelles on pouvait ménager une galerie, tenant lieu du *triforium* des églises étagées du Nord. C'est ce qu'on a fait quelquefois, notamment à Sainte-Cécile d'Albi, à Saint-Pierre de Moissac. Les voûtes de ces galeries, élevées à la hauteur des travées de la nef, forment comme une série d'arcs dans le sens de l'axe qui assurent la liaison des contre-forts à leur sommet et achèvent d'en faire des appuis inébranlables. Toute cette armature forme un faisceau si robuste que le plus habile de nos praticiens (1) a pu dire, de la cathédrale d'Albi, qu'il eût été tout aussi facile et plus logique de la recouvrir d'un berceau que de

---

(1) Viollet-le-Duc, *Dictionnaire*, tome II, page 382.

la diviser en croisées d'ogives. C'est affirmer que ces murs pourraient résister à des poussées agissant sur tous les points.

En dépit de ces dispositions savamment appliquées, il eût été difficile de donner à ces grands édifices de justes proportions, c'est-à-dire approximativement 2 de hauteur pour 1 de largeur (1). Les voûtes sont presque toujours trop basses.

En éloignant les contre-forts les uns des autres, on aurait affaibli les résistances ; de plus, les chapelles eussent été trop larges pour leur profondeur. On a dû renoncer à diviser la nef en travées carrées, et par conséquent la petite croisée d'ogives a été généralement adoptée de préférence à la grande.

La portée des doubleaux étant très-grande, on les a pour ainsi dire surbaissés. Quand leur courbe offre une brisure, c'est toujours sous un angle très-obtus. La forme des arcs dite à anse de panier, usitée durant la dernière période gothique, convenait parfaitement aux églises du haut Languedoc.

Les grandes églises à une nef n'ont pas toutes une galerie de premier étage au-dessus de leurs chapelles. Plus généralement les murs de clôture reposent sur les arcs de ces chapelles, et les contre-forts se dégagent à l'extérieur. On n'a point pour cela toujours renoncé à l'emploi des arcades pour unir ces appuis à leur sommet. Si mes souvenirs sont exacts, l'église des Cordeliers de Toulouse, aujourd'hui détruite, offrait un exemple de cette particularité (2).

Les églises sont le plus ordinairement éclairées par de petites fenêtres dans les chapelles et par de très-hautes fenêtres dans les murs de clôture supérieurs.

Il est une disposition commune à presque toutes les grandes églises romanes et gothiques. En France, dès l'époque latine, on avait introduit

---

(1) C'est la proportion des mesures de la Sainte-Chapelle de Paris.

(2) De même les églises des Jacobins de Toulouse et de Saint-Vincent de Carcassonne, sur lesquelles je dois revenir.

D'après M Dusan, ce système d'arcatures fut appliqué à la fabrication des églises dans la partie du Languedoc qui touche au littoral : églises de Maguelonne, d'Agde, de Clermont, de Saint-Pons, cathédrale de Narbonne. Voir *Congrès archéologique de France*. XXXVe session, 1869, Paris, Derache, p. 290.

dans le plan des basiliques un vaisseau transversal entre le chœur et la nef : le transept, qui ajoutait aux églises un caractère symbolique, en imitant les bras de la croix.

A Toulouse même, Saint-Sernin offre l'exemple d'un transept dans son plus grand développement. Comment se fait-il qu'à partir du treizième siècle les grandes églises du haut Languedoc soient dépourvues de transept? Je ne crois pas que l'on puisse mettre cette exception sur le compte de la nécessité. Quelle raison, par exemple, eût empêché d'adapter des croisillons aux deux travées supérieures de la cathédrale d'Albi? Sans doute un transept complet doit être surmonté d'une flèche centrale, et quelle flèche construire sur une base carrée de 18 mètres en tous sens? Cette difficulté n'était pas cependant un motif suffisant pour faire reculer les architectes. En effet, si l'extérieur du monument n'avait rien à perdre à la construction d'un transept même sans flèche, l'intérieur avait beaucoup à gagner. Une magnifique voûte sur plan carré aurait rompu la monotonie des bandes étroites dans lesquelles se cantonne la petite croisée d'ogives.

Constatons simplement que les architectes des saintes chapelles du Nord ont agi tout comme les constructeurs du haut Languedoc. Ils n'ont pas ajouté de croisillons à leurs vaisseaux. Dans les deux cas, il n'y a pas eu impossibilité matérielle. L'influence de l'emploi de la brique n'est pour rien dans ce parti pris, qu'il faut noter toutefois comme un élément de plus d'originalité pour l'école toulousaine.

Les églises du Nord, étagées, tant à l'extérieur qu'à l'intérieur, en raison des divisions de leurs nefs, offraient les dispositions les plus favorables pour la construction de nombreux clochers. On pouvait élever deux tours sur la façade, autant à l'extrémité de chaque croisillon. Si l'on y joint la haute flèche du carré du transept, on obtient un magnifique ensemble de sept tours. C'était trop, peut-être. Nous n'avons que de magnifiques ébauches de cette décoration que les maîtres de l'art français avaient rêvé d'appliquer à l'extérieur de leurs cathédrales. Généralement les façades occidentales sont les seules qui aient été à peu près terminées.

Tout au contraire, les constructeurs du haut Languedoc n'avaient guère l'embarras du choix pour placer leurs clochers. Leurs édifices n'étaient en somme que de vastes salles rectangulaires, et, seule, la façade pouvait être appropriée à la construction des tours. Réduit à ce terme, le problème présentait encore une difficulté. Pouvait-on construire deux tours sur la façade? Cette règle primordiale de l'art, qui consiste à rapporter toutes les pièces à l'échelle de l'édifice, ne le permettait point. Deux tours font très-bien comme accompagnement de bas-côtés ; la largeur de la nef établit entre elles une séparation suffisante. Tout rentre dans la ligne des constructions et s'harmonise. Mais comment buter deux tours contre une seule nef, en les isolant assez l'une de l'autre? Leur donnera-t-on une forme étroite et élancée? La nef paraîtra d'autant plus massive ; à côté des grandes lignes horizontales d'un vaisseau, dont l'aspect est un peu lourd à l'extérieur, ces constructions accessoires offriront à l'œil la disparate des lignes perpendiculaires. Force était de bâtir un seul clocher au centre ou sur une aile de la façade, ou tout à fait en dehors de la construction. Si on plaçait le clocher au centre, il fallait qu'il fût haut et large. C'est le parti qui fut adopté dans les deux cathédrales d'Albi, de Saint Bertrand-de-Comminges et dans l'église de Saint-Jacques de Montauban.

On a construit le clocher sur le côté droit de la façade, à Saint-Nicolas de Toulouse.

L'église des Jacobins de Toulouse offre un exemple de clocher isolé (1) de l'œuvre que je dois citer, bien que cette église, bâtie en brique, ne reproduise pas le plan ordinaire. Je reviendrai sur ce sujet.

Le chœur des grandes églises du haut Languedoc est généralement divisé par sept pans. Les deux églises de la ville neuve de Carcassonne ont trois absides ouvertes sur leurs larges nefs. C'est une exception. Quelques petites églises n'ont que des chevets pentagones ou même des chevets plats.

Je ne me suis encore occupé que de généralités. A peine ai-je signalé quelques églises se rattachant à l'école toulousaine.

Si peu nombreuses qu'aient été ces mentions, elles ont néanmoins pu causer quelque surprise. J'ai cité par exemple trois églises, bâties en

---

(1) La Guyenne offre des exemples curieux de clochers complètement séparés de la construction : à Bordeaux, la cathédrale et l'église Saint-Michel ; à Agen, l'ancienne cathédrale Saint-Etienne.

pierre et quelque peu éloignées de Toulouse : les églises de Carcassonne, la cathédrale de Saint-Bertrand-de Comminges. Il est temps d'expliquer cette excursion apparente en dehors du programme.

Le moyen âge est une époque de création en architecture, mais en même temps d'imitation. Un nouvel édifice avait-il provoqué l'admiration, on en copiait aussitôt, à des échelles diverses, depuis les grandes lignes des plans, jusqu'aux profils des moulures les plus simples. Ces copies sont situées quelquefois assez loin du type primitif. Nous ne pourrions affirmer que la région toulousaine a vraiment possédé une école originale de constructeurs, si nous ne constations pas que les imitations de ses édifices se retrouvent dans un immense périmètre. Si nous n'avions à classer dans cette étude que deux ou trois types frappés au même coin, logés dans la même ville, serions-nous admis à conclure que Toulouse eût jamais cette grande influence qui faisait rayonner au loin les idées nouvelles élaborées sur les chantiers de l'époque gothique?

J'ai déjà parlé de l'abbatiale de Périgueux, type primordial de la grande école byzantine, dont M. J. de Verneilh a retracé l'histoire. D'imitation en imitation, le savant archéologue est allé de Périgueux jusqu'à Angers; de siècle en siècle, en partant du onzième, il est arrivé jusqu'au treizième. A travers les pays éloignés comme à travers le cours des âges, il a pu démêler d'un coup d'œil exercé les transformations successives d'un seul type. La monographie complète qu'il nous a laissée de ce groupe peut servir de modèle à tous ceux qui voudront retracer les phases diverses par lesquelles passe nécessairement toute école architectonique.

Je trouve, à ce point de vue, que la question proposée par la Société archéologique du midi de la France est trop limitée. Le parti que j'ai pris franchement dès le début en étudiant, en deçà du programme, les formes de l'architecture avant le treizième siècle, je ne l'abandonne point; je compte poursuivre mes explorations au delà du quatorzième siècle. Je n'aurais point tout dit, si je m'abstenais de re chercher quel a été l'avenir de l'école toulousaine. Après avoir assisté à ses débuts, n'est-on point curieux d'apprendre comment elle devait finir?

Je limiterais volontiers la région dans laquelle s'est fait ressentir l'influence de l'école toulousaine par des lignes tracées de Perpignan à Albi, à l'est ; d'Albi à Cahors, à Villeneuve-d'Agen, au nord ; de Condom à Saint-Bertrand-de Comminges, à l'ouest. Cette région, qui n'a d'autre borne au sud que les Pyrénées, offre 150 kilomètres de largeur pour 200 de longueur. Le point central est exactement Toulouse. On y retrouve partout des églises édifiées sur le plan uniforme que j'ai décrit : les unes, celles du centre, sont construites en brique ; les autres, sur le périmètre, sont bâties en pierre.

On a dit et répété de ces églises que leur plan était particulier au Midi. On a constaté un fait, ce qui est aisé ; on n'en a pas recherché la cause, ce qui était plus difficile. La raison de l'adoption systématique de ce plan, on la demanderait en vain aux documents historiques. Les architectes n'ont certainement pas rédigé de procès-verbaux pour exposer les arguments d'après lesquels ils s'étaient décidés à construire autrement que dans le Nord. On ne peut donc interroger que leurs œuvres. J'ai déjà dit pourquoi à Toulouse, Albi, Montauban, les constructeurs ont dû forcément renoncer au pilier, et par conséquent à la division des nefs. Ils n'en ont pas moins bâti de fort beaux monuments. Quoi de surprenant qu'ils aient trouvé des imitateurs moins logiques qu'ils ne l'avaient été, c'est-à-dire ignorants du parti tout différent qu'ils pouvaient tirer de matériaux plus souples ! En un mot, dans la région où la pierre abonde, on a copié sans raison les plans des églises en brique.

La région de la brique est au centre du groupe ; elle possède les types le plus anciens. Voilà deux bons arguments à l'appui de la conjecture d'après laquelle l'initiative serait partie de Toulouse ou des environs. J'en indique seulement un troisième. On est surpris de trouver, dans quelques églises bâties en pierre, certains profils des archivoltes, des dosserets, des arcs de voûte que l'on constate dans les édifices bâtis en brique. C'est une preuve d'imitation incontestable, car rien de pareil ne se voit dans les autres provinces.

M. Viollet-le-Duc (1) a publié quelques pages accompagnées de plan-

(1) *Dictionnaire*, tome I, p. 224. Voir aussi pour les généralités sur les constructions en brique du haut Languedoc, *Bulletin monumental*, tome XXIII, p. 39, 471, 606 ; XIX, 419. — Viollet-le-Duc, *Dictionnaire*, art. *briques*. — De Caumont, *Abécédaire*, éd. 1868, p. 588. — *Bibliothèque de l'école des Chartes*, tome XXXVIII, p. 545.

ches sur le sujet que j'ai développé, c'est-à-dire sur la question d'origine du plan des églises du comté de Toulouse. Le savant archéologue suppose que ces édifices sont imités de certains autres qui se trouvent en Provence (cathédrale de Marseille et de Fréjus, du douzième siècle), et dont le type serait lui-même à Rome dans la basilique de Constantin. Malgré des analogies incontestables, cette filiation ne me semble guère probable.

On pourrait dire, avec non moins de vraisemblance, que les églises du haut Languedoc ont les plans de l'école byzantine (tous réduits à une nef), simplement modifiés par quelques innovations gothiques. J'ai déjà rejeté cette dernière hypothèse, bien que la cathédrale de Toulouse pût me servir d'argument.

Le plan des églises du haut Languedoc n'était certainement pas difficile à trouver, par la raison qu'il est très simple. Quand même on admettrait, ce que je fais volontiers pour ma part, que les églises byzantines à l'ouest, les églises provençales à l'est, ont pu, dans une certaine mesure, inspirer les architectes toulousains, il nous resterait à expliquer un fait de statistique archéologique. Ni la Provence ni le Périgord ne nous offrent un groupe d'églises comparable à celui du haut Languedoc. Comment se fait-il que les deux cathédrales citées par M. Viollet-le-Duc n'aient pas fait école autour d'elles, tandis que c'est dans une région éloignée, aux environs de Toulouse, que l'on a construit par système et pendant trois siècles le plus d'églises de ce genre? Si l'on soutient que les architectes languedociens n'ont pas créé, dans le vrai sens du mot, un type qui se retrouve un peu partout, il faut du moins reconnaître que, par leur persévérance à l'appliquer, ils se le sont en quelque sorte approprié.

Le type toulousain offre d'ailleurs certaines modifications qui suffisent pour le distinguer des autres : grand développement en largeur du vaisseau; substitution des travées étroites aux travées carrées, et, par conséquent, de la petite croisée d'ogives à la grande (1); addition de chapelles entre les contre-forts.

---

(1) Ce caractère existe du moins dans toutes les églises de premier ordre et dans les trois quarts des édifices de second ordre.

Il ne me reste plus maintenant qu'à faire une nomenclature de toutes les églises similaires, soit en brique, soit en pierre, qui existent dans la région que j'ai indiquée, et qui dépasse le Languedoc du côté de la Guyenne. Je suivrai autant que possible l'ordre chronologique, afin de rendre la filiation de ces églises plus évidente.

LISTE DES PRINCIPALES ÉGLISES A UNE NEF BORDÉE DE CHAPELLES LATÉRALES.

L'église de Saint-Jacques, à Montauban, bâtie en brique, est la plus ancienne que j'aie à citer (1). Elle fut fondée en 1174. Les travaux furent repris en 1228, terminés en 1230. Quelques murs et la voûte furent démolis par les protestants en 1567. Toute la partie supérieure de la construction appartient donc à une restauration (1742). Mais le premier étage, qui est ancien, est parfaitement caractérisé. La nef comprend quatre travées. Le chevet plat primitif a été remplacé par une abside à sept pans.

Le clocher, situé en avant de la façade occidentale, se compose d'une tour carrée assez haute qui donne un pronaos à l'église. Cette tour, couronnée par des arcatures en porte-à-faux, sert de base à une construction sur plan octogone à trois étages, le premier décoré sur chaque face par des arcades cintrées, et les autres par des arcades géminées en mitre. Des colonnettes rondes flanquent les angles. La flèche, un peu basse, n'est pas ancienne. D'après M. Devals, l'ancienne flèche était construite en bois et recouverte en plomb.

L'église de Notre-Dame du Taur, à Toulouse, est bâtie en brique. Cet édifice de second ordre date en partie du treizième siècle. Bien qu'il ait subi de nombreuses restaurations, son plan est évidemment l'œuvre du

---

(1) Ce n'est pas à dire pour cela qu'elle ait été réellement la première construite sur ce plan. Les monuments qui ont servi de types ont pu disparaître. Enfin, le plan très-simple des églises du haut Languedoc a fort bien pu être expérimenté sur de petits édifices avant d'être appliqué à des monuments de premier ordre. Voir sur Saint-Jacques, Devals aîné, *Monuments historiques de Montauban*. In-8°, Montauban, Forestié, 1841, p. 78. — *Congrès archéologique de France*, XXXII° session, in-8°, Paris, Derache, 1866, p. 302 et 319.

premier architecte. Cette église est pourvue de deux absides, exemple unique dans le groupe des monuments du haut Languedoc que je vais décrire (1).

L'église des Cordeliers, de Toulouse (2), bâtie en brique, datait de la première moitié du treizième siècle. La nef, large et haute, était bordée de dix-huit chapelles latérales. Cet édifice était de premier ordre, et l'on ne saurait trop regretter sa perte.

Les trois exemples précédents démontrent que, dès la première moitié du treizième siècle, les plans à une nef étaient en faveur dans la région où l'on bâtit en brique.

L'église de Montpezat, en Quercy, bâtie en pierre, appartient aux treizième et quatorzième siècles. Elle se divise en travées étroites recouvertes par de petites croisées d'ogives. Le chevet est à cinq pans (3).

L'église de Montpazier, en Périgord, offre un plan tout pareil : quatre travées, bordées de chapelles ; un chœur à cinq pans. Cet édifice fut sans doute fondé en même temps que la bastide (1284).

L'église de Saint-Barthélemy, à Cahors, bâtie en brique, paraît dater de la fin du treizième siècle. Elle a quatre travées étroites, dont l'une aboutit au chevet plat. Cette travée de chœur est dépourvue de fenêtres ; les autres travées ne sont éclairées que par des baies étroites. Le jour est donné principalement par les chapelles latérales. Les arcs de voûte ont les mêmes profils que ceux des églises de Toulouse. Toutefois les dosserets sont cantonnés de colonnettes correspondant aux ogives.

A l'extérieur, les contre-forts ne dépassent pas la toiture continue des chapelles.

L'église de Saint-Nicolas, à Toulouse, de la fin du treizième (?) siècle, est divisée en cinq travées bordées de chapelles latérales, qui sont, je crois, moins anciennes que le vaisseau. Le chevet est plat.

Le clocher, à trois étages, est placé à droite de la façade occidentale. Le style particulier aux édifices en brique a marqué son empreinte sur toutes les parties de la construction : le portail, les dosserets, les mon-

(1) Voir : *Bulletin monumental*, XVIII, p. 39, 468, 494. — De Caumont, *Abécédaire*, éd. 1858, p. 660 (vue du clocher-arcades). — Viollet-le-Duc, *Dictionnaire*, tome I, p. 9.
(2) *Bulletin monumental*, tome XVIII, 37.
(3) Viollet-le-Duc, *Dictionnaire*, tome I, p. 225.

tants des fenêtres, les arcs de voûte. Partout ce ne sont que des retraites, des angles rentrants et des biseaux.

La cathédrale de Saint-Bertrand-de-Comminges (1) fut commencée au douzième siècle. Sa nef fut bâtie de 1304 à 1452. Ce bel édifice n'est pourvu de chapelles latérales que dans sa partie haute. Ces édicules sont pentagones. Les contre-forts du bas de la nef sont peu développés. Néanmoins, les architectes ont eu la hardiesse d'élever leurs voûtes à à une grande hauteur (25 mètres), sur une base fort large (15^m,50). Ces proportions sont assez satisfaisantes.

Le clocher, qui consiste en une tour carrée énorme, est placé à l'occident. Il forme narthex au devant de la nef. Sa voûte est une sorte de coupole à huit pans que soutiennent des arcs.

Bien que la cathédrale de Saint-Bertrand soit bâtie en pierre, les dosserets et les arcs de voûte attestent par leurs profils l'imitation des édifices en brique.

La cathédrale d'Albi est trop connue (2) pour que je m'arrête à la décrire.

Construite de 1282 à 1512, cette église est assurément le plus beau modèle à citer parmi les églises du groupe. Elle est bien proportionnée dans ses dimensions grandioses. La ceinture des chapelles latérales est complète et se prolonge en enveloppant le sanctuaire. Une galerie de premier étage s'étend au-dessus de ces édicules. L'ornementation par la peinture et par la sculpture est prodiguée partout. La monographie de ce monument exigerait un volume.

Je signalerai seulement une particularité de la construction. Les contre-forts, arrondis à l'extérieur, débordent les murs de clôture.

Dans l'énumération que je fais des églises régionales dont les plans

---

(1) De Caumont, *Abécédaire*, éd. 1868, plan. p. 589; coupe longitudinale de deux travées, p. 591. — *Bulletin monumental*, tome X, p. 404; XIV, 202; XVIII, 527, 587, 601; XXVIII, 111 (vue de la façade occidentale).

(2) Taylor, *Voy. pittoresques dans l'ancienne France.* — *Bulletin monumental*, tome V, p. 422; XIII, 223; XIV, 25, 234; XVIII, 104, 220; XL, 123 (plan), etc. — Mérimée, *Notes d'un voyage dans le midi de la France.* Paris, Fournier, 1835. — Henri Crozes, *Notice historique et descriptive sur l'église métropolitaine de Sainte-Cécile d'Albi.* Toulouse, 1841. — Viollet-le-Duc, *Dictionnaire* (plan, coupe transversale), etc.

ont des caractères semblables, l'ordre chronologique m'entraîne à placer les plus modestes édifices auprès des grandes cathédrales. Les monuments des pays les plus divers, des proportions les plus différentes, se trouvent rapprochés par la communauté d'origine. Voilà pourquoi, après la mention que je viens de faire de la cathédrale d'Albi, je trace l'esquisse de la petite église paroissiale de Puy-l'Evêque, en Quercy. Bâtie en pierre, elle appartient au quatorzième siècle. Elle offre quelques particularités curieuses.

La nef a trois travées carrées, dont l'une forme le sanctuaire ou chevet plat.

La hauteur des chapelles latérales est égale aux deux tiers environ de la hauteur du mur de clôture de la nef.

Les chapelles latérales et le chevet sont seuls pourvus de fenêtres.

Une toiture unique, à angle aigu, recouvre l'édifice. Elle a pour abri des dalles de pierre schisteuse, clivée par éclats irréguliers.

Le clocher, consistant en une tour quadrangulaire, s'élève à l'ouest. Sa largeur est la même que celle de la nef, à laquelle il donne un porche ouvert par trois arcades.

La cathédrale de Perpignan (1), bâtie du quatorzième siècle au seizième siècle (1324-1509), est la seule du groupe qui soit pourvue d'un transept. L'addition de ces petits croisillons à deux travées, dont les voûtes en étoile sont les moins anciennes de l'église, a permis d'ouvrir à l'orient deux absidioles secondaires.

Le chevet proprement dit a sept pans. La nef se divise en sept travées (sans compter celle du transept) correspondant à des chapelles latérales, sur plan carré.

Le clocher, assez étroit, est bâti au devant de la façade occidentale, au centre.

Les deux églises de la ville basse de Carcassonne, Saint-Vincent et Saint-Michel (2), bâties en pierre pendant les quatorzième et quin-

---

(1) *Bulletin monumental*, tome XXII, p. 50, 388; XXVIII, 121 (Plan); XXXIV, 913. — *Congrès archéologique de France*, XXXV° session, 1869, p. 162 à 173. — De Caumont, *Abécédaire*, éd. 1868. Plan, p. 590.

(2) *Bulletin monumental*, tome XXVIII, p. 116. — *Congrès archéologique de France*, XXV° session, 1869, p. 144 et suiv. (plan et vue extérieure de Saint-Vincent).

zième siècles, ont des plans analogues. Ce qui distingue ces églises de toutes les autres, c'est leur excessive largeur. La nef de Saint-Vincent a 21 mètres de largeur dans œuvre. Nous ne croyons pas que ces dimensions aient été dépassées ni même atteintes dans aucune autre église voûtée du moyen âge (1). Ce développement excessif a entraîné diverses conséquences. On a dû partager le sanctuaire en trois absides ; on a cantonné les petites croisées d'ogives dans des travées (au nombre de sept) très-étroites, afin de renforcer ces voûtes immenses par un réseau serré d'arcs de décharge. Les chapelles latérales, réduites au faible espace qui sépare les contre-forts, sont très-petites. La hauteur du vaisseau est tout à fait insuffisante, tant il était difficile de la proportionner à la surface couverte. Cette exagération des principes de l'école toulousaine est donc loin de produire un bon résultat. Rien n'est à l'échelle au dedans et au dehors de ces larges nefs.

Des arcades surbaissées relient le haut des contreforts. Ce sont des rosaces et non des fenêtres qu'on a ouvertes dans le mur de clôture de la nef.

Dans les deux églises de Carcassonne, le clocher est placé sur l'angle sud-ouest de la façade.

Un certain nombre d'églises secondaires de l'Agenais et du Condomois, qui datent du quatorzième et quinzième siècles, et qui sont presque toutes bâties en pierre, reproduisent le style du haut Languedoc (2).

Les deux églises paroissiales de Villeneuve-sur-Lot, qui ont des chevets pentagones et des églises divisées en quatre travées.

Saint-Amand de Bruch, même plan, avec cette différence pourtant que les trois travées supérieures sont seules bordées de chapelles et que l'église possède un clocher placé à gauche de la façade occidentale.

---

(1) Voici les mesures de largeur des nefs des cathédrales les plus remarquables. Notre-Dame de Paris, 14 mètres ; Bourges, 15 mètres ; Chartres, 15 mètres ; Reims, 14 mètres ; Amiens, 15 mètres 50 ; Beauvais, 16 mètres ; Cologne, 15 mètres. Eglises du Haut-Languedoc : Saint-Bertrand-de-Comminges, 15 mètres 50 ; Perpignan, 16 et 18 mètres ; Albi, 17 mètres 70 ; Saint-Vincent de Carcassonne, 21 mètres. La nef de la plus vaste église moderne, Saint-Pierre de Rome, a 25 mètres de largeur.

(2) J'en ai donné l'énumération, *Etudes sur l'architecture religieuse de l'Agenais, du dixième au seizième siècle*. Agen, Michel, 1874. In-8°, p. 237.

Saint-Louis de Lamontjoie, mêmes dispositions que la précédente. Il y a, de plus, deux petites travées accolées aux chapelles supérieures, qui imitent le croisillon d'un transept.

Saint-Hilaire d'Agen, ancienne chapelle des Cordeliers, divisée en trois travées carrées et terminée par un chevet à sept pans.

Notre-Dame de Damazan, qui est presque une copie de Saint-Hilaire d'Agen, mais dont les contre-forts ont été percés d'arcades dans une restauration.

Notre-Dame du Port-Sainte-Marie, qui n'a que deux travées carrées et un chevet à sept pans. Cette église pourrait remonter à la fin du treizième siècle.

Notre-Dame de Laplume est au contraire du seizième siècle (1511 à 1541). Elle a quatre travées recouvertes de voûtes en étoile. Les trois plus hautes seulement sont accompagnées de chapelles. Le chevet est pentagone. Le clocher est à gauche de la façade.

Enfin, les églises de Notre-Dame de Francescas, de Notre-Dame de Montagnac-sur-Auvignon, de Saint-Martin de Montagnac-sur-Lède, ont également conservé quelques travées qui attestent les lignes d'un plan analogue à celui des édifices du haut Languedoc.

La cathédrale de Condom, bâtie en pierre, date du seizième siècle. Commencée en 1521, elle fut consacrée en 1531.

Sa nef, fort large, se divise en huit travées étroites recouvertes par des voûtes en étoiles. C'est d'ailleurs le seul genre de voûte qui soit appliqué dans tout l'édifice. Les croisées d'ogives sont toutes renforcées par des liernes et par des tiercerons. Les fenêtres de la nef occupent à peu près toute la largeur des travées et sont remplies de pièces d'armature dans le style flamboyant.

Les dosserets ont deux styles différents : les huit qui entourent le chœur ou s'en rapprochent sont semi-circulaires ; les autres sont revêtus de moulures prismatiques.

Les chapelles établies à droite de la nef n'ont qu'une seule travée, tandis que celles de gauche ont deux travées, ou plutôt une double division de leur voûte dans le sens de leur profondeur.

Dans le fond du sanctuaire à cinq pans s'ouvre une petite chapelle de deux travées, pourvue de croisillons.

C'est avec raison qu'un historien de la région, M. Lagréze-Fossat (1), a rapproché l'église abbatiale de Moissac de la cathédrale d'Albi. La structure est la même. Saint Pierre de Moissac a, comme Sainte-Cécile, une galerie de premier étage. Mais les contre-forts ne dépassent pas le niveau des murs, et le chœur, à sept pans, n'est pas bordé de chapelles. La nef, haute de plus de 20 mètres, large de 12 mètres 60, se divise en sept travées. Ce vaisseau, construit de 1450 à 1460, offre tous les caractères propres aux constructions en brique.

Notre-Dame de la Dalbade, à Toulouse, bâtie en brique dans la première moitié du quinzième siècle, se divise en cinq travées bordées de dix chapelles. La nef est recouverte de voûtes en étoile. Les fenêtres sont hautes et étroites. Le chevet a cinq pans.

Le clocher, placé au nord de l'édifice, est accolé à la plus haute travée. Le style de toutes les pièces en brique est analogue à celui des églises du treizième siècle.

On voit que les édifices que je viens de citer ne se distinguent entre eux que par des caractères secondaires. Leur type uniforme est celui que j'attribue essentiellement à l'école toulousaine. J'ai classé dans ce groupe quatre cathédrales, deux grandes abbatiales, puis une vingtaine d'églises dont la plupart sont de second ordre. C'est assez pour attester l'influence de l'école. C'est insuffisant comme statistique archéologique. Je suis persuadé que, dans les six ou sept départements compris dans la région, il existe beaucoup d'autres monuments imités de ceux-ci.

Pour ne point paraître exclusif, je dois dire quelques mots d'un édifice qui figure à Toulouse au premier rang et dont le plan original échappe à la classification.

L'église des Jacobins a deux nefs (2).

---

(1) *Etudes historiques sur Moissac.* In-8°, tome III, Paris, Dumoulin, 1874, p. 195. — Voir aussi l'*Abbaye de Moissac*, mémoire de M. Jules Marion, dans la *Bibliothèque de l'école des Chartes*, 3ᵉ série, tome I, page 89.

(2) Voir : A. Lenoir, *Architecture monastique.* In-4°, Paris, imp. nationale, 1852, tome II, p. 204. — De Caumont, *Abécédaire*, éd. de 1868, p. 592 (vue extérieure). — Viollet-le-Duc, *Dictionnaire*, passim (plans, détails, clocher). — M. B. Carrière, *Les Jacobins de Toulouse.* In-8°, s. d. Toulouse, 32 p. (plan). — *Bulletin monumental*, tome XVII. p. 178; XVIII, 494; XIX, 419; XXVII, 9; XXX, 240; — XXXI, 778; etc.

On l'a constamment rapprochée des églises des Jacobins de Paris et d'Agen, qui offrent à peu près les mêmes dispositions, et cela pour dire que ce plan singulier est particulier à l'Ordre des Frères prêcheurs. Cette opinion n'est pas absolument justifiée, puisque diverses provinces possèdent des églises paroissiales, plus ou moins anciennes, qui sont également divisées en deux nefs.

Toujours est-il que, de tous ces édifices, l'église de Toulouse est la plus remarquable. Son style a tous les caractères particuliers aux constructions en brique. L'anomalie du plan s'explique seulement par l'introduction de la pierre dans la construction des piliers. Décidés à employer pour cet usage des matériaux de prix, les religieux les ont prodigués, c'est-à-dire qu'ils ont bâti les plus hautes colonnes (19^m,50 de hauteur) qui existent en France dans l'architecture du moyen âge. La construction des voûtes révèle une science consommée. Il n'était point facile d'équilibrer sur ces gigantesques supports les poussées de deux lignes parallèles de grandes croisées d'ogives (sept travées).

La voûte du chœur, qui est peut-être moins ancienne que les autres parties de l'édifice, est une des plus belles pièces d'architecture que l'on puisse citer.

Les arcatures reliant le haut des contre-forts, les chapelles bâties sur la droite entre ces supports nous rappellent certaines pratiques fréquemment employées dans la région. Parmi les décorations, celles qui sont reproduites simplement au moyen de la brique sont conformes à l'usage.

Je m'éloignerais de plus en plus de mon sujet, si je parlais de la salle capitulaire, chef-d'œuvre d'élégance, et des restes de ses belles peintures (1).

Le clocher des Jacobins demanderait une description à part, s'il n'avait pas été déjà si souvent décrit et reproduit par la gravure. C'est un des beaux modèles du type toulousain. Je ferai seulement remarquer que

---

(1) On était obligé de peindre l'intérieur des constructions en briques. Il n'est pas douteux que l'intention de tous les constructeurs au moyen âge n'ait été de décorer leurs édifices par la peinture. Pour exécuter ces œuvres d'art, l'argent ou les artistes faisaient quelquefois défaut. On pouvait à la rigueur laisser à nu un appareil de pierre ; mais les constructions en brique exigeaient un crépissage et des couleurs.

l'on trouve l'emploi de briques moulées dans les piles cylindriques et dans les claveaux de l'arcature supérieure (1).

Parmi les clochers de ce genre, quel est le plus ancien ? Je ne saurais le dire. Toujours est-il que l'influence de l'école toulousaine s'est fait ressentir au loin, tout aussi bien pour la structure des tours que pour les plans des églises. On a pu décorer Saint-Sernin d'une de ces grandes pyramides octogones, sans que sa physionomie romane en ait été altérée. La tour des Augustins, du quinzième siècle, moins complète, a néanmoins deux étages bien caractérisés. Pamiers a mis son clocher à la mode toulousaine (2). Dans les environs de Montauban, les imitations se sont multipliées.

J'ai décrit la tour de Saint-Jacques. Caussade (3), Beaumont, Montech, Finhan, Villemade, Négrepelisse (4) ont reproduit ce thème des tours octogones pourvues d'arcatures en mitre. Dans plusieurs de ces exemples, les flèches de couronnement subsistent encore.

Et maintenant, je puis résumer ce mémoire en deux mots, c'est-à-dire conclure.

De la fin du douzième siècle au seizième, les architectes de la région dont Toulouse est le centre ont employé systématiquement un plan et créé un style parfaitement appropriés aux matériaux qu'ils mettaient en œuvre, la brique. Les imitations se sont étendues jusque dans les pays où l'on construit en pierre.

Toulouse, qui eut son école de sculpture pendant la période romane, eut son école d'architecture pendant la période gothique.

(1) Viollet-le-Duc, *Dictionnaire*, tome III, p. 394.
(2) Taylor, *Voyages pittoresques dans l'ancienne France* (vue).
(3) *Bulletin monumental*, tome IV, p. 26 (vue).
(4) Clochers cités d'après M. de Rivières, *Congrès archéologique de France*, XXXIIe session, 1866, p. 302.

www.ingramcontent.com/pod-product-compliance
Lightning Source LLC
Chambersburg PA
CBHW060615050426
42451CB00012B/2265